Made in the USA
Monee, IL
22 December 2021

86469065R00057